Arthur Schnitzler

Der grüne Kakadu

Groteske in einem Akt

Arthur Schnitzler: Der grüne Kakadu. Groteske in einem Akt

Entstanden 1898. Erstdruck: Berlin (Fischer), [1899]. Uraufführung am 01.03.1899, Burgtheater, Wien.

Vollständige Neuausgabe mit einer Biographie des Autors
Herausgegeben von Karl-Maria Guth
Berlin 2015

Der Text dieser Ausgabe folgt:
Arthur Schnitzler: Die Dramatischen Werke. Frankfurt a.M.: S. Fischer Verlag, 1962.

Die Paginierung obiger Ausgabe wird hier als Marginalie zeilengenau mitgeführt.

Umschlaggestaltung von Thomas Schultz-Overhage unter Verwendung des Bildes: Jean-Pierre Houël, Sturm auf die Bastille, 1789

Gesetzt aus Minion Pro, 12 pt

Die Sammlung Hofenberg erscheint im
Verlag der Contumax GmbH & Co. KG, Berlin
Herstellung: BoD – Books on Demand, Norderstedt

Die Ausgaben der Sammlung Hofenberg basieren auf zuverlässigen Textgrundlagen. Die Seitenkonkordanz zu anerkannten Studienausgaben machen Hofenbergtexte auch in wissenschaftlichem Zusammenhang zitierfähig.

ISBN 978-3-8430-7594-7

Bibliografische Information der Deutschen Nationalbibliothek

Die Deutsche Nationalbibliothek verzeichnet diese Publikation in der Deutschen Nationalbibliografie; detaillierte bibliografische Daten sind im Internet über www.dnb.de abrufbar.

Personen

Emile Herzog von Cadignan

François Vicomte von Nogeant

Albin Chevalier de la Tremouille

Der Marquis von Lansac

Séverine, seine Frau

Rollin, Dichter

Prospère, Wirt, vormals Theaterdirektor

Henri
Balthasar
Guillaume
Scaevola
Jules
Etienne
Maurice
Georgette
Michette
Flipotte, seine Truppe

Léocadie, Schauspielerin, Henris Frau

Grasset, Philosoph

Lebrêt, Schneider

Grain, ein Strolch

Der Kommissär

Adelige, Schauspieler, Schauspielerinnen, Bürger und Bürgerfrauen

Spielt in Paris am Abend des 14. Juli 1789 in der Spelunke Prospères.   515

Wirtsstube »Zum grünen Kakadu«.
Ein nicht großer Kellerraum, zu welchem rechts – ziemlich weit
hintensieben Stufen führen, die nach oben durch eine Tür
abgeschlossen sind. Eine zweite Tür, welche kaum sichtbar ist,
befindet sich im Hintergrunde links. Eine Anzahl von einfachen
hölzernen Tischen, um diese Sessel, füllen beinahe den ganzen
Raum aus. Links in der Mitte der Schanktisch; hinter demselben
eine Anzahl Fässer mit Pipen. Das Zimmer ist durch
Öllämpchen beleuchtet, die von der Decke herabhängen.

Der Wirt Prospère; es treten ein die Bürger Lebrêt und Grasset.

GRASSET *noch auf den Stufen.* Hier herein, Lebrêt; die Quelle
kenn' ich. Mein alter Freund und Direktor hat immer noch ir-
gendwo ein Faß Wein versteckt, auch wenn ganz Paris verdur-
stet.

WIRT. Guten Abend, Grasset. Läßt du dich wieder einmal blicken?
Aus mit der Philosophie? Hast du Lust, wieder bei mir Engagement zu nehmen?

GRASSET. Ja freilich! Wein sollst du bringen. Ich bin der Gast –
du der Wirt.

WIRT. Wein? Woher soll ich Wein nehmen, Grasset? Heut nacht
haben sie ja alle Weinläden von Paris ausgeplündert. Und ich
möchte wetten, daß du mit dabei gewesen bist.

GRASSET. Her mit dem Wein. Für das Pack, das in einer Stunde
nach uns kommen wird … *Lauschend.* Hörst du was, Lebrêt?

LEBRÊT. Es ist wie ein leiser Donner.

GRASSET. Brav – Bürger von Paris … *Zu Prospère.* Für das Pack
hast du sicher noch einen in Vorrat. Also her damit. Mein
Freund und Bewunderer, der Bürger Lebrêt, Schneider aus der
Rue St. Honoré, zahlt alles.

LEBRÊT. Gewiß, gewiß, ich zahle.

PROSPÈRE *zögert.*

GRASSET. Na, zeig' ihm, daß du Geld hast, Lebrêt.

LEBRÊT *zieht seinen Geldbeutel heraus.*

WIRT. Nun, ich will sehen, ob ich ... *Er öffnet den Hahn zu einem Faß und füllt zwei Gläser.* Woher kommst du, Grasset? Aus dem Palais Royal?

GRASSET. Jawohl ... ich habe dort eine Rede gehalten. Ja, mein Lieber, jetzt bin ich an der Reihe. Weißt du, nach wem ich gesprochen habe?

WIRT. Nun?

GRASSET. Nach Camille Desmoulins! Jawohl, ich hab' es gewagt. Und sage mir, Lebrêt, wer hat größeren Beifall gehabt, Desmoulins oder ich?

LEBRÊT. Du ... zweifellos.

GRASSET. Und wie hab' ich mich ausgenommen?

LEBRÊT. Prächtig.

GRASSET. Hörst du's, Prospère? Ich habe mich auf den Tisch gestellt ... ich habe ausgesehen wie ein Monument ... jawohl – und alle die Tausend, Fünftausend, Zehntausend haben sich um mich versammelt – gerade so wie früher um Camille Desmoulins ... und haben mir zugejubelt.

LEBRÊT. Es war ein stärkerer Jubel.

GRASSET. Jawohl ... nicht um vieles, aber er war stärker. Und nun ziehen sie alle hin zur Bastille ... und ich darf sagen: sie sind meinem Ruf gefolgt. Ich schwöre dir, vor abends haben wir sie.

WIRT. Ja, freilich, wenn die Mauern von euern Reden zusammenstürzten!

GRASSET. Wieso ... Reden! – Bist du taub? ... Jetzt wird geschossen. Unsere braven Soldaten sind dabei. Sie haben dieselbe höllische Wut auf das verfluchte Gefängnis wie wir. Sie wissen, daß hinter diesen Mauern ihre Brüder und Väter gefangen sitzen ... Aber sie würden nicht schießen, wenn wir nicht geredet hätten. Mein lieber Prospère, die Macht der Geister ist groß. Da – *Zu Lebrêt.* Wo hast du die Schriften?

516

6

LEBRÊT. Hier ... *Zieht Broschüren aus der Tasche.*

GRASSET. Hier sind die neuesten Broschüren, die eben im Palais Royal verteilt wurden. Hier eine von meinem Freunde Cerutti, Denkschrift für das französische Volk, hier eine von Desmoulins, der allerdings besser spricht, als er schreibt ...»Das freie Frankreich«.

WIRT. Wann wird denn endlich die deine erscheinen, von der du immer erzählst?

GRASSET. Wir brauchen keine mehr. Die Zeit zu Taten ist gekommen. Ein Schuft, der heute in seinen vier Wänden sitzt. Wer ein Mann ist, muß auf die Straße!

LEBRÊT. Bravo, bravo!

GRASSET. In Toulon haben sie den Bürgermeister umgebracht, in Brignolles haben sie ein Dutzend Häuser geplündert ... nur wir in Paris sind noch immer die Langweiligen und lassen uns alles gefallen.

PROSPÈRE. Das kann man doch nicht mehr sagen.

LEBRÊT *der immer getrunken hat.* Auf, ihr Bürger, auf!

GRASSET. Auf! ... Sperre deine Bude und komm jetzt mit uns!

WIRT. Ich komme schon, wenn's Zeit ist.

GRASSET. Ja freilich, wenn's keine Gefahr mehr gibt.

WIRT. Mein Lieber, ich liebe die Freiheit wie du – aber vor allem hab' ich meinen Beruf.

GRASSET. Jetzt gibt es für die Bürger von Paris nur einen Beruf: Ihre Brüder befreien.

WIRT. Ja für die, die nichts anderes zu tun haben!

LEBRÊT. Was sagt er da! ... Er verhöhnt uns!

WIRT. Fällt mir gar nicht ein. – Schaut jetzt lieber, daß ihr hinauskommt ... meine Vorstellung fängt bald an. Da kann ich euch nicht brauchen.

LEBRÊT. Was für eine Vorstellung? ... Ist hier ein Theater?

WIRT. Gewiß ist das ein Theater. Ihr Freund hat noch vor vierzehn Tagen hier mitgespielt.

LEBRÊT. Hier hast du gespielt, Grasset? ... Warum läßt du dich von dem Kerl da ungestraft verhöhnen!

GRASSET. Beruhige dich ... es ist wahr; ich habe hier gespielt, denn es ist kein gewöhnliches Wirtshaus ... es ist eine Verbrecherherberge ... komm ...

WIRT. Zuerst wird gezahlt.

LEBRÊT. Wenn das hier eine Verbrecherherberge ist, so zahle ich keinen Sou.

WIRT. So erkläre doch deinem Freunde, wo er ist.

GRASSET. Es ist ein seltsamer Ort! Es kommen Leute her, die Verbrecher spielen – und andere, die es sind, ohne es zu ahnen.

LEBRÊT. So –?

GRASSET. Ich mache dich aufmerksam, daß das, was ich eben sagte, sehr geistreich war; es könnte das Glück einer ganzen Rede machen.

LEBRÊT. Ich verstehe nichts von allem, was du sagst.

GRASSET. Ich sagte dir ja, daß Prospère mein Direktor war. Und er spielt mit seinen Leuten noch immer Komödie; nur in einer anderen Art als früher. Meine einstigen Kollegen und Kolleginnen sitzen hier herum und tun, als wenn sie Verbrecher wären. Verstehst du? Sie erzählen haarsträubende Geschichten, die sie nie erlebt – sprechen von Untaten, die sie nie begangen haben ... und das Publikum, das hierher kommt, hat den angenehmen Kitzel, unter dem gefährlichsten Gesindel von Paris zu sitzen – unter Gaunern, Einbrechern, Mördern – und –

LEBRÊT. Was für ein Publikum?

WIRT. Die elegantesten Leute von Paris.

GRASSET. Adelige ...

WIRT. Herren vom Hofe –

LEBRÊT. Nieder mit ihnen!

GRASSET. Das ist was für sie. Das rüttelt ihnen die erschlafften Sinne auf. Hier hab' ich angefangen, Lebrêt, hier hab' ich meine erste Rede gehalten, als wenn es zum Spaß wäre ... und hier hab' ich die Hunde zu hassen begonnen, die mit ihren schönen Kleidern, parfümiert, angefressen, unter uns saßen ... und es ist mir ganz recht, mein guter Lebrêt, daß du auch einmal die Stätte siehst, von wo dein großer Freund ausgegangen ist. *In anderem Ton.* Sag', Prospère, wenn die Sache schief ginge ...

WIRT. Welche Sache?

GRASSET. Nun, die Sache mit meiner politischen Karriere ... würdest du mich wieder engagieren?

WIRT. Nicht um die Welt!

GRASSET *leicht.* Warum? – Es könnte vielleicht noch einer neben deinem Henri aufkommen.

WIRT. Abgesehen davon ... ich hätte Angst, daß du dich einmal vergessen könntest – und über einen meiner zahlenden Gäste im Ernst herfielst.

GRASSET *geschmeichelt.* Das wäre allerdings möglich.

WIRT. Ich ... ich hab' mich doch in der Gewalt –

GRASSET. Wahrhaftig, Prospère, ich muß sagen, daß ich dich wegen deiner Selbstbeherrschung bewundern würde, wenn ich nicht zufällig wüßte, daß du ein Feigling bist.

WIRT. Ach, mein Lieber, mir genügt das, was ich in meinem Fach leisten kann. Es macht mir Vergnügen genug, den Kerlen meine Meinung ins Gesicht sagen zu können und sie zu beschimpfen nach Herzenslust – während sie es für Scherz halten. Es ist auch eine Art, seine Wut los zu werden. – *Zieht einen Dolch und läßt ihn funkeln.*

LEBRÊT. Bürger Prospère, was soll das bedeuten?

GRASSET. Habe keine Angst. Ich wette, daß der Dolch nicht einmal geschliffen ist.

WIRT. Da könntest du doch irren, mein Freund; irgend einmal kommt ja noch der Tag, wo aus dem Spaß Ernst wird – und darauf bin ich für alle Fälle vorbereitet.

GRASSET. Der Tag ist nah. Wir leben in einer großen Zeit! Komm, Bürger Lebrêt, wir wollen zu den Unsern. Prospère, leb' wohl, du siehst mich als großen Mann wieder oder nie.

LEBRÊT *torkelig.* Als großen Mann ... oder ... nie –

Sie gehen ab.

WIRT *bleibt zurück, setzt sich auf einen Tisch, schlägt eine Broschüre auf und liest vor sich hin.* »Jetzt steckt das Vieh in der Schlinge, erdrosselt es!« – Er schreibt nicht übel, dieser kleine Desmoulins. »Noch nie hat sich Siegern eine reichere Beute dargeboten. Vierzigtausend Paläste und Schlösser, zwei Fünftel aller Güter in Frankreich werden der Lohn der Tapferkeit sein, – die sich für Eroberer halten, werden unterjocht, die Nation wird gereinigt werden.«

Der Kommissär tritt ein.

WIRT *mißt ihn.* Na, das Gesindel rückt ja heute früh ein?

KOMMISSÄR. Mein lieber Prospère, mit mir machen Sie keine Witze; ich bin der Kommissär Ihres Bezirks.

WIRT. Und womit kann ich dienen?

KOMMISSÄR. Ich bin beauftragt, dem heutigen Abend in Ihrem Lokal beizuwohnen.

WIRT. Es wird mir eine besondere Ehre sein.

KOMMISSÄR. Es ist nicht darum, mein bester Prospère. Die Behörde will Klarheit haben, was bei Ihnen eigentlich vorgeht. Seit einigen Wochen –

WIRT. Es ist ein Vergnügungslokal, Herr Kommissär, nichts weiter.

KOMMISSÄR. Lassen Sie mich ausreden. Seit einigen Wochen soll dieses Lokal der Schauplatz wüster Orgien sein.

WIRT. Sie sind falsch berichtet, Herr Kommissär. Man treibt hier Spaße, nichts weiter.

KOMMISSÄR. Damit fängt es an. Ich weiß. Aber es hört anders auf, sagt mein Bericht. Sie waren Schauspieler?

WIRT. Direktor, Herr Kommissär, Direktor einer vorzüglichen Truppe, die zuletzt in Denis spielte.

KOMMISSÄR. Das ist gleichgültig. Dann haben Sie eine kleine Erbschaft gemacht?

WIRT. Nicht der Rede wert, Herr Kommissär.

KOMMISSAR. Ihre Truppe hat sich aufgelöst?

520 WIRT. Meine Erbschaft nicht minder.

KOMMISSÄR *lächelnd. Ganz gut. Beide lächeln. – Plötzlich ernst.* Sie haben sich ein Wirtsgeschäft eingerichtet?

WIRT. Das miserabel gegangen ist.

KOMMISSÄR. – Worauf Sie eine Idee gefaßt haben, der man eine gewisse Originalität nicht absprechen kann.

WIRT. Sie machen mich stolz, Herr Kommissär.

KOMMISSÄR. Sie haben Ihre Truppe wieder gesammelt und lassen sie hier eine sonderbare und nicht unbedenkliche Komödie spielen.

WIRT. Wäre sie bedenklich, Herr Kommissär, so hätte ich nicht mein Publikum – ich kann sagen, das vornehmste Publikum von Paris. Der Vicomte von Nogeant ist mein täglicher Gast. Der Marquis von Lansac kommt öfters; und der Herzog von Cadignan, Herr Kommissär, ist der eifrigste Bewunderer meines ersten Schauspielers, des berühmten Henri Baston.

KOMMISSÄR. Wohl auch der Kunst oder der Künste Ihrer Künstlerinnen.

WIRT. Wenn Sie meine kleinen Künstlerinnen kennen würden, Herr Kommissär, würden Sie das niemandem auf der Welt übelnehmen.

KOMMISSÄR. Genug. Es ist der Behörde berichtet worden, daß die Belustigungen, welche Ihre – wie soll ich sagen –

WIRT. Das Wort »Künstler« dürfte genügen.

KOMMISSÄR. Ich werde mich zu dem Wort »Subjekte« entschließen – daß die Belustigungen, welche Ihre Subjekte bieten, in jedem Sinne über das Erlaubte hinausgehen. Es sollen hier von

11

Ihren – wie soll ich sagen – von Ihren künstlichen Verbrechern Reden geführt werden, die – wie sagt nur mein Bericht? *Er liest wie schon früher in einem Notizbuch nach.* – nicht nur unsittlich, was uns wenig genieren würde, sondern auch höchst aufrührerisch zu wirken geeignet sind – was in einer so erregten Epoche, wie die ist, in der wir leben, der Behörde durchaus nicht gleichgültig sein kann.

WIRT. Herr Kommissär, ich kann auf diese Anschuldigung nur mit der höflichen Einladung erwidern, sich die Sache selbst einmal anzusehen. Sie werden bemerken, daß hier gar nichts Aufrührerisches vorgeht, schon aus dem Grunde, weil mein Publikum sich nicht aufrühren läßt. Es wird hier einfach Theater gespielt – das ist alles.

KOMMISSÄR. Ihre Einladung nehme ich natürlich nicht an, doch werde ich kraft meines Amtes hierbleiben.

WIRT. Ich glaube, Ihnen die beste Unterhaltung versprechen zu können, Herr Kommissär, doch würde ich mir den Rat erlauben, daß Sie Ihre Amtstracht ablegen und in Zivilkleidern hier erscheinen. Wenn man nämlich einen Kommissär in Uniform hier sähe, würde sowohl die Naivetät meiner Künstler als die Stimmung meines Publikums darunter leiden.

KOMMISSÄR. Sie haben recht, Herr Prospère, ich werde mich entfernen und als junger eleganter Mann wiederkehren.

WIRT. Das wird Ihnen leicht sein, Herr Kommissär, auch als Halunke sind Sie mir willkommen – das würde nicht auffallen – nur nicht als Kommissär.

KOMMISSÄR. Adieu. *Geht.*

WIRT *verbeugt sich.* Wann wird der gesegnete Tag kommen, wo ich dich und deinesgleichen …

KOMMISSÄR *trifft in der Tür mit Grain zusammen, der äußerst zerlumpt ist und erschrickt, wie er den Kommissär sieht. Dieser mißt ihn zuerst, lächelt dann, wendet sich verbindlich zu Prospère.* Schon einer Ihrer Künstler? … *Ab.*

521

GRAIN *spricht weinerlich, pathetisch.* Guten Abend.

WIRT *nachdem er ihn lang angesehen.* Wenn du einer von meiner Truppe *bist,* so will ich dir meine Anerkennung nicht versagen, denn ich erkenne dich nicht.

GRAIN. Wie meinen Sie?

WIRT. Also keinen Scherz, nimm die Perücke ab, ich möchte doch wissen, wer du bist. *Er reißt ihn an den Haaren.*

GRAIN. O weh!

WIRT. Das ist ja echt – Donnerwetter … wer sind Sie? … Sie scheinen ja ein wirklicher Strolch zu sein?

GRAIN. Jawohl.

WIRT. Was wollen Sie denn von mir?

GRAIN. Ich habe die Ehre mit dem Bürger Prospère? … Wirt vom grünen Kakadu?

WIRT. Der bin ich.

GRAIN. Ich nenne mich Grain … zuweilen Carniche … in manchen Fällen der schreiende Bimsstein – aber unter dem Namen Grain war ich eingesperrt, Bürger Prospère – und das ist das Wesentliche.

WIRT. Ah – ich verstehe. Sie wollen sich bei mir engagieren lassen und spielen mir gleich was vor. Auch gut. Weiter.

GRAIN. Bürger Prospère, halten Sie mich für keinen Schwindler. Ich bin ein Ehrenmann. Wenn ich sage, daß ich eingesperrt war, so ist es die volle Wahrheit.

Wirt sieht ihn mißtrauisch an.

GRAIN *zieht aus dem Rock ein Papier.* Hier, Bürger Prospère. Sie ersehen daraus, daß ich gestern nachmittags vier Uhr entlassen wurde.

WIRT. Nach einer zweijährigen Haft – Donnerwetter, das ist ja echt –!

GRAIN. Haben Sie noch immer gezweifelt, Bürger Prospère?

WIRT. Was haben Sie denn angestellt, daß man Sie auf zwei Jahre –

13

GRAIN. Man hätte mich gehängt; aber zu meinem Glück war ich noch ein halbes Kind, als ich meine arme Tante umbrachte.

WIRT. Ja, Mensch, wie kann man denn seine Tante umbringen?

GRAIN. Bürger Prospère, ich hätte es nicht getan, wenn die Tante mich nicht mit meinem besten Freunde hintergangen hätte.

WIRT. Ihre Tante?

GRAIN. Jawohl – sie stand mir näher, als sonst Tanten ihren Neffen zu stehen pflegen. Es waren sonderbare Familienverhältnisse … ich war verbittert, höchst verbittert. Darf ich Ihnen davon erzählen?

WIRT. Erzählen Sie immerhin, wir werden vielleicht ein Geschäft miteinander machen können.

GRAIN. Meine Schwester war noch ein halbes Kind, als sie aus dem Hause lief – und was glauben Sie – mit wem? –

WIRT. Es ist schwer zu erraten.

GRAIN. Mit ihrem Onkel. Und der hat sie sitzen lassen – mit einem Kinde.

WIRT. Mit einem ganzen – will ich hoffen.

GRAIN. Es ist unzart von Ihnen, Bürger Prospère, über solche Dinge zu scherzen.

WIRT. Ich will Ihnen was sagen, Sie schreiender Bimsstein. Ihre Familiengeschichten langweilen mich. Glauben Sie, ich bin dazu da, mir von einem jeden hergelaufenen Lumpen erzählen zu lassen, wen er umgebracht hat? Was geht mich das alles an? Ich nehme an, Sie wollen irgend was von mir –

GRAIN. Jawohl, Bürger Prospère, ich komme, Sie um Arbeit bitten.

WIRT *höhnisch*. Ich mache Sie aufmerksam, daß es bei mir keine Tanten zu ermorden gibt; es ist ein Vergnügungslokal.

GRAIN. Oh, ich hab' an dem einen Mal genug gehabt. Ich will ein anständiger Mensch werden – man hat mich an Sie gewiesen. 523

WIRT. Wer, wenn ich fragen darf?

14

GRAIN. Ein liebenswürdiger junger Mann, den sie vor drei Tagen zu mir in die Zelle gesperrt haben. Jetzt ist er allein. Er heißt Gaston ... und Sie kennen ihn. –

WIRT. Gaston! Jetzt weiß ich, warum ich ihn drei Abende lang vermißt habe. Einer meiner besten Darsteller für Taschendiebe. – Er hat Geschichten erzählt; – ah, man hat sich geschüttelt.

GRAIN. Jawohl. Und jetzt haben sie ihn erwischt!

WIRT. Wieso erwischt? Er hat ja nicht wirklich gestohlen.

GRAIN. Doch. Es muß aber das erste Mal gewesen sein, denn er scheint mit einer unglaublichen Ungeschicklichkeit vorgegangen zu sein. Denken Sie – *Vertraulich.* – auf dem Boulevard des Capucines einfach einer Dame in die Tasche gegriffen – und die Börse herausgezogen – ein rechter Dilettant. – Sie flößen mir Vertrauen ein, Bürger Prospère – und so will ich Ihnen gestehn – es war eine Zeit, wo ich auch dergleichen kleine Stückchen aufführte, aber nie ohne meinen lieben Vater. Als ich noch ein Kind war, als wir noch alle zusammen wohnten, als meine arme Tante noch lebte. –

WIRT. Was jammern Sie denn? Ich finde das geschmacklos! Hätten Sie sie nicht umgebracht!

GRAIN. Zu spät. Aber worauf ich hinaus wollte – nehmen Sie mich bei sich auf. Ich will den umgekehrten Weg machen wie Gaston. Er hat den Verbrecher gespielt und ist einer geworden – ich ...

WIRT. Ich will's mit Ihnen probieren. Sie werden schon durch Ihre Maske wirken. Und in einem gegebenen Moment werden Sie einfach die Sache mit der Tante erzählen. Wie's war. Irgend wer wird Sie schon fragen.

GRAIN. Ich danke Ihnen, Bürger Prospère. Und was meine Gage anbelangt –

WIRT. Heute gastieren Sie auf Engagement, da kann ich Ihnen noch keine Gage zahlen. – Sie werden gut zu essen und zu

trinken bekommen ... und auf ein paar Francs für ein Nachtlager
soll's mir auch nicht ankommen.

GRAIN. Ich danke Ihnen. Und bei Ihren anderen Mitgliedern
stellen Sie mich einfach als einen Gast aus der Provinz vor.

WIRT. Ah nein ... denen sagen wir gleich, daß Sie ein wirklicher
Mörder sind. Das wird ihnen viel lieber sein.

GRAIN. Entschuldigen Sie, ich will ja gewiß nichts gegen mich
vorbringen – aber das versteh' ich nicht.

524

WIRT. Wenn Sie länger beim Theater sind, werden Sie das schon
verstehen.

Scaevola und Jules treten ein.

SCAEVOLA. Guten Abend, Direktor!

WIRT. Wirt ... Wie oft soll ich dir noch sagen, der ganze Spaß
geht flöten, wenn du mich »Direktor« nennst.

SCAEVOLA. Was immer du seist, ich glaube, wir werden heute
nicht spielen.

WIRT. Warum denn?

SCAEVOLA. Die Leute werden nicht in der Laune sein – –. Es ist
ein Höllenlärm in den Straßen, und insbesondere vor der Bastille
schreien sie wie die Besessenen.

WIRT. Was geht das uns an? Seit Monaten ist das Geschrei, und
unser Publikum ist uns nicht ausgeblieben. Es amüsiert sich wie
früher.

SCAEVOLA. Ja, es hat die Lustigkeit von Leuten, die nächstens
gehenkt werden.

WIRT. Wenn ich's nur erlebe!

SCAEVOLA. Vorläufig gib uns was zu trinken, damit ich in
Stimmung komme. Ich bin heut durchaus nicht in Stimmung.

WIRT. Das passiert dir öfter, mein Lieber. Ich muß dir sagen, daß
ich gestern durchaus unzufrieden mit dir war.

SCAEVOLA. Wieso, wenn ich fragen darf?

WIRT. Die Geschichte von dem Einbruch, die du zum Besten gegeben hast, war einfach läppisch.

SCAEVOLA. Läppisch?

WIRT. Jawohl. Vollkommen unglaubwürdig. Das Brüllen allein tut's nicht.

SCAEVOLA. Ich habe nicht gebrüllt.

WIRT. Du brüllst ja immer. Es wird wahrhaftig notwendig werden, daß ich die Sachen mit euch einstudiere. Auf euere Einfälle kann man sich nicht verlassen. Henri ist der einzige.

SCAEVOLA. Henri und immer Henri. Henri ist ein Kulissenreißer. Der Einbruch von gestern war ein Meisterstück. So was bringt Henri sein Lebtag nicht zusammen. – Wenn ich dir nicht genüge, mein Lieber, so geh' ich einfach zu einem ordentlichen Theater. Hier ist ja doch nur eine Schmiere … Ah … *Bemerkt Grain.* Wer ist denn das? … Der gehört ja nicht zu uns? Hast du vielleicht einen neu engagiert? Was hat der Kerl für Maske?

WIRT. Beruhige dich, es ist kein Schauspieler von Beruf. Es ist ein wirklicher Mörder.

SCAEVOLA. Ach so … *Geht auf ihn zu.* Sehr erfreut, Sie kennen zu lernen. Scaevola ist mein Name.

GRAIN. Ich heiße Grain.

Jules ist die ganze Zeit in der Schenke herumgegangen, manchmal auch stehen geblieben, wie ein innerlich Gequälter.

WIRT. Was ist denn mit dir, Jules?

JULES. Ich memoriere.

WIRT. Was denn?

JULES. Gewissensbisse. Ich mache heute einen, der Gewissensbisse hat. Sieh mich an. Was sagst du zu der Falte hier auf der Stirn? Seh' ich nicht aus, als wenn alle Furien der Hölle … *Geht auf und ab.*

SCAEVOLA *brüllt.* Wein – Wein her!

WIRT. Beruhige dich … es ist ja noch kein Publikum da.

Henri und Léocadie kommen.

HENRI. Guten Abend! *Er begrüßt die Hintensitzenden mit einer leichten Handbewegung.* Guten Abend, meine Herren!

WIRT. Guten Abend, Henri! Was seh' ich! Mit Léocadie!

GRAIN *hat Léocadie aufmerksam betrachtet; zu Scaevola.* Die kenn' ich ja … *Spricht leise mit den anderen.*

LÉOCADIE. Ja, mein lieber Prospère, ich bin's!

WIRT. Ein Jahr lang hab' ich dich nicht gesehen. Laß dich begrüßen. *Er will sie küssen.*

HENRI. Laß das! – *Sein Blick ruht öfters auf Léocadie mit Stolz, Leidenschaft, aber auch mit einer gewissen Angst.*

WIRT. Aber Henri … Alte Kollegen! … Dein einstiger Direktor, Léocadie!

LÉOCADIE. Wo ist die Zeit, Prospère! …

WIRT. Was seufzest du! Wenn eine ihren Weg gemacht hat, so bist du's! Freilich ein schönes junges Weib hat's immer leichter als wir.

HENRI *wütend.* Laß das.

WIRT. Was schreist du denn immer so mit mir? Weil du wieder einmal mit ihr beisammen bist?

HENRI. Schweig! – Sie ist seit gestern meine Frau.

WIRT. Deine …? *Zu Léocadie.* Macht er einen Spaß?

LÉOCADIE. Er hat mich wirklich geheiratet. Ja. –

WIRT. So gratulier' ich. Na … Scaevola, Jules – Henri hat geheiratet.

SCAEVOLA *kommt nach vorn.* Meinen Glückwunsch! *Zwinkert Léocadie zu.*

JULES *drückt gleichfalls beiden die Hand.*

GRAIN *zum Wirt.* Ah, wie sonderbar – diese Frau hab' ich gesehn … ein paar Minuten, nachdem ich wieder frei war.

WIRT. Wieso?

GRAIN. Es war die erste schöne Frau, die ich nach zwei Jahren gesehen habe. Ich war sehr bewegt. Aber es war ein anderer Herr, mit dem – *Spricht weiter mit dem Wirt.*

HENRI *in einem hochgestimmten Ton, wie begeistert, aber nicht deklamatorisch.* Léocadie, meine Geliebte, mein Weib! ... Nun ist alles vorbei, was einmal war. In einem solchen Augenblick löscht vieles aus.

Scaevola und Jules sind nach hinten gegangen, Wirt wieder vorn.

WIRT. Was für ein Augenblick?

HENRI. Nun sind wir durch ein heiliges Sakrament vereinigt. Das ist mehr als menschliche Schwüre sind. Jetzt ist Gott über uns, man darf alles vergessen, was vorher geschehen ist. Léocadie, eine neue Zeit bricht an. Léocadie, alles wird heilig, unsere Küsse, so wild sie sein mögen, sind von nun an heilig. Léocadie, meine Geliebte, mein Weib! ... *Er betrachtet sie mit einem glühenden Blick.* Hat sie nicht einen anderen Blick, Prospère, als du ihn früher an ihr kanntest? Ist ihre Stirn nicht rein? Was war, ist ausgelöscht. Nicht wahr, Léocadie?

LÉOCADIE. Gewiß, Henri.

HENRI. Und alles ist gut. Morgen verlassen wir Paris, Léocadie tritt heute zum letzten Male in der Porte St. Martin auf, und ich spiele heute das letzte Mal bei dir.

WIRT *betroffen.* Bist du bei Trost, Henri? – Du willst mich verlassen? Und dem Direktor der Porte St. Martin wird's doch nicht einfallen, Léocadie ziehen zu lassen? Sie macht ja das Glück seines Hauses. Die jungen Herren strömen ja hin, wie man sagt.

HENRI. Schweig. Léocadie wird mit mir gehen. Sie wird mich nie verlassen. Sag' mir, daß du mich nie verlassen wirst, Léocadie. *Brutal.* Sag's mir!

LÉOCADIE. Ich werde dich nie verlassen!

HENRI. Tätest du's, ich würde dich ... *Pause.* Ich habe dieses Leben satt. Ich will Ruhe, Ruhe will ich haben.

WIRT. Aber was willst du denn tun, Henri? Es ist ja lächerlich. Ich will dir einen Vorschlag machen. Nimm Léocadie meinethalben von der Porte St. Martin fort – aber sie soll hier, bei mir bleiben. Ich engagiere sie. Es fehlt mir sowieso an talentierten Frauenspersonen.

HENRI. Mein Entschluß ist gefaßt, Prospère. Wir verlassen die Stadt. Wir gehen aufs Land hinaus.

WIRT. Aufs Land? Wohin denn?

HENRI. Zu meinem alten Vater, der allein in unserem armen Dorf lebt, – den ich seit sieben Jahren nicht gesehen habe. Er hat kaum mehr gehofft, seinen verlorenen Sohn wiederzusehen. Er wird mich mit Freuden aufnehmen.

WIRT. Was willst du auf dem Lande tun? Auf dem Lande verhungert man. Da geht's den Leuten noch tausendmal schlechter als in der Stadt. Was willst du denn dort machen? Du bist nicht der Mann dazu, die Felder zu bebauen. Bilde dir das nicht ein.

HENRI. Es wird sich zeigen, daß ich auch dazu der Mann bin.

WIRT. Es wächst bald kein Korn mehr in ganz Frankreich. Du gehst ins sichere Elend.

HENRI. Ins Glück, Prospère. Nicht wahr, Léocadie? Wir haben oft davon geträumt. Ich sehne mich nach dem Frieden der weiten Ebene. Ja, Prospère, in meinen Träumen seh' ich mich mit ihr abends über die Felder gehn, in einer unendlichen Stille, den wunderbaren tröstlichen Himmel über uns. Ja, wir fliehen diese schreckliche und gefährliche Stadt, der große Friede wird über uns kommen. Nicht wahr, Léocadie, wir haben es oft geträumt.

LÉOCADIE. Ja, wir haben es oft geträumt.

WIRT. Höre, Henri, du solltest es dir überlegen. Ich will dir deine Gage gerne erhöhen, und Léocadie will ich ebensoviel geben als dir.

LÉOCADIE. Hörst du, Henri?

WIRT. Ich weiß wahrhaftig nicht, wer dich hier ersetzen soll. Keiner von meinen Leuten hat so köstliche Einfälle als du, keiner ist bei meinem Publikum so beliebt als du ... Geh nicht fort!

HENRI. Das glaub' ich wohl, daß mich niemand ersetzen wird.

WIRT. Bleib bei mir, Henri! *Wirft Léocadie einen Blick zu, sie deutet an, daß sie's schon machen wird.*

HENRI. Und ich verspreche dir, der Abschied wird ihnen schwer werden – *ihnen,* nicht mir. Für heute – für mein letztes Auftreten hab' ich mir was zurechtgelegt, daß es sie alle schaudern wird ... eine Ahnung von dem Ende ihrer Welt wird sie anwehen ... denn das Ende ihrer Welt ist nahe. Ich aber werd' es nur mehr von fern erleben ... man wird es uns draußen erzählen, Léocadie, viele Tage später, als es geschehen ... Aber sie werden schaudern, sag' ich dir. Und du selbst wirst sagen: So gut hat Henri nie gespielt.

WIRT. Was wirst du spielen? Was? Weißt du's, Léocadie?

LÉOCADIE. Ich weiß ja nie etwas.

HENRI. Ahnt denn irgend einer, was für ein Künstler in mir steckt?

WIRT. Gewiß ahnt man es, drum sag' ich ja, daß man sich mit einem solchen Talent nicht aufs Land vergräbt. Was für ein Unrecht an dir! An der Kunst!

HENRI. Ich pfeife auf die Kunst. Ich will Ruhe. Du begreifst das nicht, Prospère, Du hast nie geliebt.

WIRT. Oh! –

HENRI. Wie ich liebe. – Ich will mit ihr allein sein – das ist es ... Léocadie, nur so können wir alles vergessen. Aber dann werden wir so glücklich sein, wie nie Menschen gewesen sind. Wir werden Kinder haben, du wirst eine gute Mutter werden, Léocadie, und ein braves Weib. Alles, alles wird ausgelöscht sein. *Große Pause.*

LÉOCADIE. Es wird spät, Henri, ich muß ins Theater. Leb' wohl, Prospère, ich freue mich, endlich einmal deine berühmte Bude gesehen zu haben, wo Henri solche Triumphe feiert.

WIRT. Warum bist du denn nie hergekommen?

LÉOCADIE. Henri hat's nicht haben wollen – na, weißt du, wegen der jungen Leute, mit denen ich da sitzen müßte.

HENRI *ist nach rückwärts gegangen.* Gib mir einen Schluck, Scaevola. *Er trinkt.*

WIRT *zu Léocadie, da ihn Henri nicht hört.* Ein rechter Narr, der Henri – wenn du nur immer mit ihnen gesessen wärst.

LÉOCADIE. Du, solche Bemerkungen verbitt' ich mir.

WIRT. Ich rate dir, gib acht, du blöde Kanaille. Er wird dich einmal umbringen.

LÉOCADIE. Was gibt's denn?

WIRT. Schon gestern hat man dich wieder mit einem deiner Kerle gesehen.

LÉOCADIE. Das war kein Kerl, du Dummkopf, das war …

HENRI *wendet sich rasch.* Was habt ihr? Keine Spaße, wenn's beliebt. Aus mit dem Flüstern. Es gibt keine Geheimnisse mehr. Sie ist meine Frau.

WIRT. Was hast du ihr denn zum Hochzeitsgeschenk gemacht?

LÉOCADIE. Ach Gott, an solche Dinge denkt er nicht.

HENRI. Nun, du sollst es noch heute bekommen.

LÉOCADIE. Was denn?

SCAEVOLA, JULES. Was gibst du ihr?

HENRI *ganz ernst.* Wenn du mit deiner Szene zu Ende bist, darfst du hierherkommen und mich spielen sehen. *Man lacht.*

HENRI. Nie hat eine Frau ein prächtigeres Hochzeitsgeschenk bekommen. Komm, Léocadie; auf Wiedersehen, Prospère, ich bin bald wieder zurück.

Henri und Léocadie ab. – Es treten zugleich ein.
François Viscomte von Nogeant, Albin Chevalier de la
Tremouille.

SCAEVOLA. Was für ein erbärmlicher Aufschneider.

WIRT. Guten Abend, ihr Schweine.

Albin schreckt zurück.

FRANÇOIS *ohne darauf zu achten.* War das nicht die kleine Léocadie von der Porte St. Martin, die da mit Henri wegging?

WIRT. Freilich war sie's. Was? – Die könnte am Ende sogar dich
erinnern, daß du noch so was wie ein Mann bist, wenn sie sich
große Mühe gäbe.

FRANÇOIS *lachend.* Es wäre nicht unmöglich. Wir kommen heute
etwas früh, wie mir scheint?

WIRT. Du kannst dir ja unterdes mit deinem Lustknaben die Zeit
vertreiben.

Albin will auffahren.

FRANÇOIS. So laß doch. Ich hab' dir ja gesagt, wie's hier zugeht.
Bring uns Wein.

WIRT. Ja, das will ich. Es wird schon die Zeit kommen, wo ihr
mit Seinewasser sehr zufrieden sein werdet.

FRANÇOIS. Gewiß, gewiß ... aber für heute möchte ich um Wein
gebeten haben, und zwar um den besten.

Wirt zum Schanktisch.

ALBIN. Das ist ja ein schauerlicher Kerl.

530 FRANÇOIS. Denk' doch, daß alles Spaß ist. Und dabei gibt es
Orte, wo du ganz ähnliche Dinge im Ernst hören kannst.

ALBIN. Ist denn es nicht verboten?

FRANÇOIS *lacht.* Man merkt, daß du aus der Provinz kommst.

ALBIN. Ah, bei uns geht's auch recht nett zu in der letzten Zeit.
Die Bauern werden in einer Weise frech ... man weiß nicht
mehr, wie man sich helfen soll.

FRANÇOIS. Was willst du? Die armen Teufel sind hungrig; das
ist das Geheimnis.

ALBIN. Was kann denn ich dafür? Was kann denn mein Großonkel dafür?

FRANÇOIS. Wie kommst du auf deinen Großonkel?

ALBIN. Ja, ich komme darauf, weil sie nämlich in unserem Dorf eine Versammlung abgehalten haben – ganz öffentlich – und da haben sie meinen Großonkel, den Grafen von Tremouille, ganz einfach einen Kornwucherer genannt.

FRANÇOIS. Das ist alles …?

ALBIN. Na, ich bitte dich!

FRANÇOIS. Wir wollen morgen einmal ins Palais Royal, da sollst du hören, was die Kerle für lasterhafte Reden führen. Aber wir lassen sie reden; es ist das beste, was man tun kann; im Grunde sind es gute Leute, man muß sie auf diese Weise austoben lassen.

ALBIN *auf Scaevola usw. deutend.* Was sind das für verdächtige Subjekte? Sieh nur, wie sie einen anschauen. *Er greift nach seinem Degen.*

FRANÇOIS *zieht ihm die Hand weg.* Mach' dich nicht lächerlich! *Zu den Dreien.* Ihr braucht noch nicht anzufangen, wartet, bis mehr Publikum da ist. *Zu Albin.* Es sind die anständigsten Leute von der Welt, Schauspieler. Ich garantiere dir, daß du schon mit ärgeren Gaunern an einem Tisch gesessen bist.

ALBIN. Aber sie waren besser angezogen.

Wirt bringt Wein.
Michette und Flipotte kommen.

FRANÇOIS. Grüß' euch Gott, Kinder, kommt, setzt euch da zu uns.

MICHETTE. Da sind wir schon. Komm nur, Flipotte. Sie ist noch etwas schüchtern.

FLIPOTTE. Guten Abend, junger Herr!

ALBIN. Guten Abend, meine Damen!

MICHETTE. Der Kleine ist lieb. *Sie setzt sich auf den Schoß Albins.*

ALBIN. Also bitte, erkläre mir, François, sind das anständige
Frauen?

MICHETTE. Was sagt er?

FRANÇOIS. Nein, so ist das nicht, die Damen, die hierher
kommen – Gott, bist du dumm, Albin!

WIRT. Was darf ich den Herzoginnen bringen?

MICHETTE. Bring mir einen recht süßen Wein.

FRANÇOIS *auf Flipotte deutend.* Eine Freundin?

MICHETTE. Wir wohnen zusammen. Ja, wir haben zusammen
nur ein Bett!

FLIPOTTE *errötend.* Wird dir das sehr unangenehm sein, wenn
du zu ihr kommst? *Setzt sich auf François' Schoß.*

ALBIN. Die ist ja gar nicht schüchtern.

SCAEVOLA *steht auf, düster, zu dem Tisch der jungen Leute.* Hab'
ich dich endlich wieder! *Zu Albin.* Und du miserabler Verführer,
wirst du schaun, daß du ... Sie ist mein!

Wirt sieht zu.

FRANÇOIS *zu Albin.* Spaß, Spaß ...

ALBIN. Sie ist nicht sein –?

MICHETTE. Geh, laß mich doch sitzen, wo's mir beliebt.

Scaevola steht mit geballten Fäusten da.

WIRT *hinter ihm.* Nun, nun!

SCAEVOLA. Ha, ha!

WIRT *faßt ihn beim Kragen.* Ha, ha! *Bei Seite zu ihm.* Sonst fällt
dir nichts ein! Nicht für einen Groschen Talent hast du. Brüllen.
Das ist das einzige, was du kannst.

MICHETTE *zu François.* Er hat es neulich besser gemacht –

SCAEVOLA *zum Wirt.* Ich bin noch nicht in Stimmung. Ich mach'
es später noch einmal, wenn mehr Leute da sind; du sollst sehen,
Prospère; ich brauche Publikum.

Der Herzog Von Cadignan tritt ein.

HERZOG. Schon höchst bewegt!

Michette und Flipotte auf ihn zu.

MICHETTE. Mein süßer Herzog!

FRANÇOIS. Guten Abend, Emile! … *Stellt vor.* Mein junger Freund Albin Chevalier von Tremouille – der Herzog von Cadignan.

HERZOG. Ich bin sehr erfreut, Sie kennen zu lernen. *Zu den Mädchen, die an ihm hängen.* Laßt mich, Kinder! – *Zu Albin.* Sie sehen sich auch dieses komische Wirtshaus an?

ALBIN. Es verwirrt mich aufs höchste!

FRANÇOIS. Der Chevalier ist erst vor ein paar Tagen in Paris angekommen.

HERZOG *lachend.* Da haben Sie sich eine nette Zeit ausgesucht.

ALBIN. Wieso?

MICHETTE. Was er wieder für einen Parfüm hat! Es gibt überhaupt keinen Mann in Paris, der so angenehm duftet. *Zu Albin.* … So merkt man das nicht.

HERZOG. Sie spricht nur von den siebenhundert oder achthundert, die sie so gut kennt wie mich.

FLIPOTTE. Erlaubst du, daß ich mit deinem Degen spiele? – *Sie zieht ihm den Degen aus der Scheide und läßt ihn hin und her funkeln.*

GRAIN *zum Wirt.* Mit dem! … Mit dem hab' ich sie gesehn! – *Wirt läßt sich erzählen, scheint erstaunt.*

HERZOG. Henri ist noch nicht da? *Zu Albin.* Wenn Sie den sehen werden, werden Sie's nicht bereuen, hierhergekommen zu sein.

WIRT *zum Herzog.* Na, bist du auch wieder da? Das freut mich. Lang werden wir ja das Vergnügen nicht mehr haben.

HERZOG. Warum? Mir behagt's sehr gut bei dir.

WIRT. Das glaub' ich. Aber da du auf alle Fälle einer der ersten sein wirst …

ALBIN. Was bedeutet das?

WIRT. Du verstehst mich schon. – Die ganz Glücklichen kommen zuerst dran! ... *Geht nach rückwärts.*

HERZOG *nach einem Sinnen.* Wenn ich der König wäre, würde ich ihn zu meinem Hofnarren machen, das heißt, ich würde mir viele Hofnarren halten, aber er wäre einer davon.

ALBIN. Wie hat er das gemeint, daß Sie zu glücklich sind?

HERZOG. Er meint, Chevalier ...

ALBIN. Ich bitte, sagen Sie mir nicht Chevalier. Alle nennen mich Albin, einfach Albin, weil ich nämlich so jung ausschaue.

HERZOG *lächelnd.* Schön ... aber da müssen Sie mir Emile sagen, ja?

ALBIN. Wenn Sie erlauben, gern, Emile.

HERZOG. Sie werden unheimlich witzig, diese Leute.

FRANÇOIS. Warum unheimlich? Mich beruhigt das sehr. Solange das Gesindel zu Späßen aufgelegt ist, kommt's doch nicht zu was Ernstem.

HERZOG. Es sind nur gar zu sonderbare Witze. Da hab' ich heute wieder eine Sache erfahren, die gibt zu denken.

FRANÇOIS. Erzählen Sie.

FLIPOTTE, MICHETTE. Ja, erzähle, süßer Herzog!

HERZOG. Kennen Sie Lelange?

FRANÇOIS. Freilich – das Dorf ... der Marquis von Montferrat hat dort eine seiner schönsten Jagden.

HERZOG. Ganz richtig; mein Bruder ist jetzt bei ihm auf dem Schloß, und der schreibt mir eben die Sache, die ich Ihnen erzählen will. In Lelange haben sie einen Bürgermeister, der sehr unbeliebt ist.

FRANÇOIS. Wenn Sie mir einen nennen können, der beliebt ist –

HERZOG. Hören Sie nur. – Da sind die Frauen des Dorfes vor das Haus des Bürgermeisters gezogen – mit einem Sarg ...

FLIPOTTE. Wie? ... Sie haben ihn getragen? Einen Sarg getragen? Nicht um die Welt möcht' ich einen Sarg tragen.

FRANÇOIS. Schweig doch – es verlangt ja niemand von dir, daß du einen Sarg trägst. *Zum Herzog.* Nun?

HERZOG. Und ein paar von den Weibern sind darauf in die Wohnung des Bürgermeisters und haben ihm erklärt, er müsse sterben – aber man werde ihm die Ehre erweisen, ihn zu begraben. –

FRANÇOIS. Nun, hat man ihn umgebracht?

HERZOG. Nein – wenigstens schreibt mir mein Bruder nichts davon.

FRANÇOIS. Nun also! … Schreier, Schwätzer, Hanswürste – das sind sie. Heut brüllen sie in Paris zur Abwechslung die Bastille an – wie sie's schon ein halbes Dutzend mal getan …

HERZOG. Nun – wenn ich der König wäre, ich hätte ein Ende gemacht … längst …

ALBIN. Ist es wahr, daß der König so gütig ist?

HERZOG. Sie sind Seiner Majestät noch nicht vorgestellt?

FRANÇOIS. Der Chevalier ist ja das erste Mal in Paris.

HERZOG. Ja, Sie sind unglaublich jung. Wie alt, wenn man fragen darf?

ALBIN. Ich sehe nur so jung aus, ich bin schon siebzehn …

HERZOG. Siebzehn – wie viel liegt noch vor Ihnen. Ich bin schon vierundzwanzig … ich fange an zu bereuen, wie viel von meiner Jugend ich versäumt habe.

FRANÇOIS *lacht.* Das ist gut! Sie, Herzog … für Sie ist doch jeder Tag verloren, an dem Sie nicht eine Frau erobert oder einen Mann totgestochen haben.

HERZOG. Das Unglück ist nur, daß man beinah nie die richtige erobert – und immer den unrichtigen totsticht. Und so versäumt man seine Jugend doch. Es ist ganz, wie Rollin sagt.

FRANÇOIS. Was sagt Rollin?

HERZOG. Ich dachte an sein neues Stück, das sie in der Comédie geben – da kommt so ein hübscher Vergleich vor. Erinnern Sie sich nicht?

FRANÇOIS Ich habe gar kein Gedächtnis für Verse –

HERZOG. Ich leider auch nicht … ich erinnere mich nur an den Sinn … Er sagt, die Jugend, die man nicht genießt, ist wie ein Federball, den man im Sand liegen läßt, statt ihn in die Luft zu schnellen.

ALBIN *altklug*. Das find' ich sehr richtig.

HERZOG. Nicht wahr? – Die Federn werden allmählich doch farblos, fallen aus. Es ist noch besser, er fällt in ein Gebüsch, wo man ihn nicht wiederfindet.

ALBIN. Wie ist das zu verstehen, Emile?

HERZOG. Es ist mehr zu empfinden. Wenn ich die Verse wüßte, verstünden Sie's übrigens gleich.

ALBIN. Es kommt mir vor, Emile, als könnten Sie auch Verse machen, wenn Sie nur wollten.

HERZOG. Warum?

ALBIN. Seit Sie hier sind, scheint es mir, als wenn das Leben aufflammte –

HERZOG *lächelnd*. Ja? Flammt es auf?

FRANÇOIS. Wollen Sie sich nicht endlich zu uns setzen?

Unterdessen kommen zwei Adelige und setzen sich an einen etwas entfernten Tisch; der Wirt scheint ihnen Grobheiten zu sagen.

HERZOG. Ich kann nicht hier bleiben. Aber ich komme jedenfalls noch einmal zurück.

MICHETTE. Bleib bei mir!

FLIPOTTE. Nimm mich mit!

Sie wollen ihn halten.

WIRT *nach vorn*. Laßt ihn nur! Ihr seid ihm noch lang nicht schlecht genug. Er muß zu einer Straßendirne laufen, dort ist ihm am wohlsten.

HERZOG. Ich komme ganz bestimmt zurück, schon um Henri nicht zu versäumen.

FRANÇOIS. Denken Sie, als wir kamen, ging Henri eben mit Léocadie fort.

HERZOG. So. – Er hat sie geheiratet. Wißt ihr das?

FRANÇOIS. Wahrhaftig? – Was werden die andern dazu sagen?

ALBIN. Was für andern?

FRANÇOIS. Sie ist nämlich allgemein beliebt.

HERZOG. Und er will mit ihr fort ... was weiß ich ... man hat's mir erzählt.

WIRT. So? hat man's dir erzählt? – *Blick auf den Herzog.*

HERZOG *Blick auf den Wirt, dann.* Es ist zu dumm. Léocadie ist geschaffen, die größte, die herrlichste Dirne der Welt zu sein.

FRANÇOIS. Wer weiß das nicht?

HERZOG. Gibt es etwas Unverständigeres, als jemanden seinem wahren Beruf entziehen? *Da François lacht.* Ich meine das nicht im Scherz. Auch zur Dirne muß man geboren sein – wie zum Eroberer oder zum Dichter.

FRANÇOIS. Sie sind paradox.

HERZOG. Es tut mir leid um sie – und um Henri. Er sollte hier bleiben – nicht *hier* – ich möchte ihn in die Comédie bringen – obwohl auch dort – mir ist immer, als verstünd' ihn keiner so ganz wie ich. Das kann übrigens eine Täuschung sein – denn ich habe diese Empfindung den meisten Künstlern gegenüber. Aber ich muß sagen, wär' ich nicht der Herzog von Cadignan, so möcht' ich gern ein solcher Komödiant – ein solcher ...

ALBIN. Wie Alexander der Große ...

HERZOG *lächelnd.* Ja – wie Alexander der Große. *Zu Flipotte.* Gib mir meinen Degen. *Er steckt ihn in die Scheide. Langsam.* Es ist doch die schönste Art, sich über die Welt lustig zu machen; einer, der uns vorspielen kann, was er will, ist doch mehr als wir alle.

Albin betrachtet ihn verwundert.

HERZOG. Denken Sie nicht nach über das, was ich sage: Es ist alles nur im selben Augenblick wahr. – Auf Wiedersehen!

MICHETTE. Gib mir einen Kuß, bevor du gehst!

FLIPOTTE. Mir auch!

Sie hängen sich an ihn, der Herzog küßt beide zugleich und geht. – Währenddem.

ALBIN. Ein wunderbarer Mensch! ...

FRANÇOIS. Das ist schon wahr ... aber daß solche Menschen existieren, ist beinah ein Grund, nicht zu heiraten.

ALBIN. Erklär' mir im übrigen, was das für Frauenzimmer sind.

FRANÇOIS. Schauspielerinnen. Sie sind auch von der Truppe Prospère, der jetzt der Spelunkenwirt ist. Freilich haben sie früher nicht viel anderes gemacht als jetzt.

Guillaume stürzt herein, wie atemlos.

GUILLAUME *zum Tisch hin, wo die Schauspieler sitzen, die Hand ans Herz, mühselig, sich stützend.* Gerettet, ja, gerettet!

SCAEVOLA. Was gibt's, was hast du?

ALBIN. Was ist dem Mann geschehn?

FRANÇOIS. Das ist jetzt Schauspiel. Paß auf!

ALBIN. Ah –?

MICHETTE, FLIPOTTE *rasch zu Guillaume hin.* Was gibt's? Was hast du?

SCAEVOLA. Setz' dich, nimm einen Schluck!

GUILLAUME. Mehr! mehr! ... Prospère, mehr Wein! – – Ich bin gelaufen! Mir klebt die Zunge. Sie waren mir auf den Fersen.

JULES *fährt zusammen.* Ah, gebt Acht, sie sind uns überhaupt auf den Fersen.

WIRT. So erzähl' doch endlich, was ist denn passiert? ... *Zu den Schauspielern.* Bewegung! Mehr Bewegung!

GUILLAUME. Weiber her ... Weiber! – Ah – *Umarmt Flipotte.* Das bringt einen auch wieder zum Leben! *Zu Albin, der höchst*

31

betroffen ist. Der Teufel soll mich holen, mein Junge, wenn ich gedacht habe, ich werde dich lebendig wiedersehn ... *Als wenn er lauschte.* Sie kommen, sie kommen! – *Zur Tür hin.* Nein, es ist nichts. – Sie ...

ALBIN. Wie sonderbar! ... Es ist wirklich ein Lärm, wie wenn Leute draußen sehr rasch vorbeijagten. Wird das auch von hier aus geleitet?

SCAEVOLA *zu Jules.* Jedesmal hat er die Nuance ... es ist zu dumm! –

WIRT. So sag' uns doch endlich, warum sie dir wieder auf den Fersen sind.

GUILLAUME. Nichts Besonderes. Aber wenn sie mich hätten, würde es mir doch den Kopf kosten – ein Haus hab' ich angezündet.

Während dieser Szene kommen wieder junge Adelige, die an den Tischen Platz nehmen.

WIRT *leise.* Weiter, weiter!

GUILLAUME *ebenso.* Was weiter? Genügt das nicht, wenn ich ein Haus angezündet habe?

FRANÇOIS. Sag' mir doch, mein Lieber, warum du das Haus angezündet hast.

GUILLAUME. Weil der Präsident des obersten Gerichtshofes darin wohnt. Mit dem wollten wir anfangen. Wir wollen den guten Pariser Hausherren die Lust nehmen, Leute in ihr Haus zu nehmen, die uns arme Teufel ins Zuchthaus bringen.

GRAIN. Das ist gut! Das ist gut!

GUILLAUME *betrachtet Grain und staunt; spricht dann weiter.* Die Häuser müssen alle dran. Noch drei Kerle wie ich, und es gibt keine Richter mehr in Paris!

GRAIN. Tod den Richtern!

JULES. Ja ... es gibt doch vielleicht einen, den wir nicht vernichten können.

GUILLAUME. Den möcht' ich kennen lernen.

JULES. Den Richter in uns.

WIRT *leise.* Das ist abgeschmackt. Laß das. Scaevola! Brülle! Jetzt ist der Moment!

SCAEVOLA. Wein her, Prospère, wir wollen auf den Tod aller Richter in Frankreich trinken!

> *Während der letzten Worte traten ein.*
> *Der Marquis Von Lansac mit seiner Frau Séverine, Rollin, der Dichter.*

SCAEVOLA. Tod allen, die heute die Macht in Händen haben! Tod!

MARQUIS. Sehen Sie, Séverine, so empfängt man uns.

ROLLIN. Marquise, ich hab' Sie gewarnt.

SÉVERINE. Warum?

FRANÇOIS *steht auf.* Was seh' ich! Die Marquise! Erlauben Sie, daß ich Ihnen die Hand küsse. Guten Abend, Marquis! Grüß' Gott, Rollin! Marquise, Sie wagen sich in dieses Lokal!

SÉVERINE. Man hat mir soviel davon erzählt. Und außerdem sind wir heute schon in Abenteuern drin – nicht wahr, Rollin?

MARQUIS. Ja, denken Sie, Vicomte – was glauben Sie, woher wir kommen? – Von der Bastille.

FRANÇOIS. Machen sie dort noch immer so einen Spektakel?

SÉVERINE. Ja freilich! – Es sieht aus, wie wenn sie sie einrennen wollten.

ROLLIN *deklamiert.*

Gleich einer Flut, die an die Ufer brandet,
Und rief ergrimmt, daß ihr das eigne Kind,
Die Erde widersteht –

SÉVERINE. Nicht, Rollin! – Wir haben dort unsern Wagen in der Nähe halten lassen. Es ist ein prächtiger Anblick; Massen haben doch immer was Großartiges.

FRANÇOIS. Ja, ja, wenn sie nur nicht so übel riechen würden.

538

MARQUIS. Und nun hat mir meine Frau keine Ruhe gegeben …
ich mußte sie hierher führen.

SÉVERINE. Also was gibt's denn da eigentlich Besonderes?

WIRT *zu Lansac*. Na, bist du auch da, verdorrter Halunke? Hast
du dein Weib mitgebracht, weil sie dir zu Haus nicht sicher
genug ist?

MARQUIS *gezwungen lachend*. Er ist ein Original!

WIRT. Gib nur Acht, daß sie dir nicht gerade hier weggefischt
wird. Solche vornehme Damen kriegen manchmal eine verdamm-
te Lust, es mit einem richtigen Strolch zu versuchen.

ROLLIN. Ich leide unsäglich, Séverine.

MARQUIS. Mein Kind, ich habe Sie vorbereitet – es ist noch
immer Zeit, daß wir gehen.

SÉVERINE. Was wollen Sie denn? Ich finde es reizend. Setzen wir
uns doch endlich nieder!

FRANÇOIS. Erlauben Sie, Marquise, daß ich Ihnen den Chevalier
de la Tremouille vorstelle. Er ist auch das erste Mal hier. Der
Marquis von Lansac; Rollin, unser berühmter Dichter.

ALBIN. Sehr erfreut. *Komplimente; man nimmt Platz.*

ALBIN *zu François*. Ist das eine von denen, die spielt oder … ich
kenne mich gar nicht aus.

FRANÇOIS. Sei doch nicht so begriffsstutzig! – Das ist die wirkliche
Frau des Marquis von Lansac … eine höchst anständige Dame.

ROLLIN *zu Séverine*. Sage, daß du mich liebst.

SÉVERINE. Ja, ja, aber fragen Sie mich nicht jeden Augenblick.

MARQUIS. Haben wir schon irgend eine Szene versäumt?

FRANÇOIS. Nicht viel. Der dort spielt einen Brandstifter, wie es
scheint.

SÉVERINE. Chevalier, Sie sind wohl der Vetter der kleinen Lydia
de la Tremouille, die heute geheiratet hat?

ALBIN. Jawohl, Marquise, das war mit einer der Gründe, daß ich
nach Paris gekommen bin.

SÉVERINE. Ich erinnere mich, Sie in der Kirche gesehen zu haben.

ALBIN *verlegen.* Ich bin höchst geschmeichelt, Marquise.

SÉVERINE *zu Rollin.* Was für ein lieber kleiner Junge.

ROLLIN. Ah, Séverine, Sie haben noch nie einen Mann kennen gelernt, der Ihnen nicht gefallen hätte.

SÉVERINE. Oh, doch; den hab' ich auch gleich geheiratet.

ROLLIN. O, Séverine, ich fürchte immer – es gibt sogar Momente, wo Ihnen Ihr eigener Mann gefährlich ist.

WIRT *bringt Wein.* Da habt ihr! Ich wollte, es wäre Gift, aber es ist vorläufig noch nicht gestattet, euch Kanaillen das vorzusetzen.

FRANÇOIS. Wird schon kommen, Prospère.

SÉVERINE *zu Rollin.* Was ist's mit diesen beiden hübschen Mädchen? Warum kommen sie nicht näher? Wenn wir schon einmal da sind, will ich alles mitmachen. Ich finde überhaupt, daß es hier höchst gesittet zugeht.

MARQUIS. Haben Sie nur Geduld, Séverine.

SÉVERINE. Auf der Straße, find' ich, unterhält man sich in der letzten Zeit am besten. – Wissen Sie, was uns gestern passiert ist, als wir auf der Promenade von Longchamps spazieren fuhren?

MARQUIS. Ach bitte, meine liebe Séverine, wozu …

SÉVERINE. Da ist ein Kerl aufs Trittbrett unserer Equipage gesprungen und hat geschrieen: Nächstes Jahr werden Sie hinter Ihrem Kutscher stehen und wir werden in der Equipage sitzen.

FRANÇOIS. Ah, das ist etwas stark.

MARQUIS. Ach Gott, ich finde, man sollte von diesen Dingen gar nicht reden. Paris hat jetzt etwas Fieber, das wird schon wieder vergehen.

GUILLAUME *plötzlich.* Ich sehe Flammen, Flammen, überall, wo ich hinschaue, rote, hohe Flammen.

WIRT *zu ihm hin.* Du spielst einen Wahnsinnigen, nicht einen Verbrecher.

SÉVERINE. Er sieht Flammen?

FRANÇOIS Das ist alles noch nicht das Richtige, Marquise.

ALBIN *zu Rollin.* Ich kann Ihnen gar nicht sagen, wie wirr ich
 schon von dem allen bin.
MICHETTE *kommt zum Marquis.* Ich hab' dich ja noch gar nicht
 begrüßt, mein süßes altes Schwein.
MARQUIS *verlegen.* Sie scherzt, liebe Séverine.
SÉVERINE. Das kann ich nicht finden. Sag' einmal, Kleine, wieviel
 Liebschaften hast du schon gehabt?
MARQUIS *zu François.* Es ist bewunderungswürdig, wie sich die
 Marquise, meine Gemahlin, gleich in jede Situation zu finden
 weiß.
ROLLIN. Ja, es ist bewunderungswürdig.   540
MICHETTE. Hast du deine gezählt?
SÉVERINE. Als ich noch jung war wie du … gewiß. –
ALBIN *zu Rollin.* Sagen Sie mir, Herr Rollin, spielt die Marquise
 oder ist sie wirklich so – ich kenne mich absolut nicht aus.
ROLLIN. Sein … spielen … kennen Sie den Unterschied so genau,
 Chevalier?
ALBIN. Immerhin.
ROLLIN. Ich nicht. Und was ich hier so eigentümlich finde, ist,
 daß alle scheinbaren Unterschiede sozusagen aufgehoben sind.
 Wirklichkeit geht in Spiel über – Spiel in Wirklichkeit. Sehen
 Sie doch einmal die Marquise an. Wie sie mit diesen Geschöpfen
 plaudert, als wären sie ihresgleichen. Dabei ist sie …
ALBIN. Etwas ganz anderes.
ROLLIN. Ich danke Ihnen, Chevalier.
WIRT *zu Grain.* Also, wie war das?
GRAIN. Was?
WIRT. Die Geschichte mit der Tante, wegen der du zwei Jahre im
 Gefängnis gesessen bist?
GRAIN. Ich sagte Ihnen ja, ich habe sie erdrosselt.
FRANÇOIS. Der ist schwach. Das ist ein Dilettant. Ich hab' ihn
 noch nie gesehn.

36

GEORGETTE *kommt rasch, wie eine Dirne niedrigsten Rangs ge-kleidet.* Guten Abend, Kinder! Ist mein Balthasar noch nicht da?

SCAEVOLA. Georgette! Setz' dich zu mir! Dein Balthasar kommt noch immer zurecht.

GEORGETTE. Wenn er in zehn Minuten nicht da ist, kommt er nicht mehr zurecht – da kommt er überhaupt nicht wieder.

FRANÇOIS. Marquise, auf die passen Sie auf. Die ist in Wirklich-keit die Frau von diesem Balthasar, von dem sie eben spricht und der sehr bald kommen wird. – Sie stellt eine ganz gemeine Straßendirne dar, Balthasar ihren Zuhälter. Dabei ist es die treueste Frau, die man überhaupt in Paris finden kann.

Balthasar kommt.

GEORGETTE. Mein Balthasar! *Sie läuft ihm entgegen, umarmt ihn.* Da bist du ja!

BALTHASAR. Es ist alles in Ordnung. *Stille ringsum.* Es war nicht der Mühe wert. Es hat mir beinah leid um ihn getan. Du solltest dir deine Leute besser ansehn, Georgette – ich bin es satt, hoff-nungsvolle Jünglinge wegen ein paar Francs umzubringen.

FRANÇOIS. Famos …

ALBIN. Wie? –

FRANÇOIS. Er pointiert so gut.

Der Kommissär kommt, verkleidet, setzt sich an einen Tisch.

WIRT *zu ihm.* Sie kommen in einem guten Moment, Herr Kom-missär. Das ist einer meiner vorzüglichsten Darsteller.

BALTHASAR. Man sollte sich überhaupt einen anderen Verdienst suchen. Meiner Seel', ich bin nicht feig, aber das Brot ist sauer verdient.

SCAEVOLA. Das will ich glauben.

GEORGETTE. Was hast du nur heute?

37

BALTHASAR. Ich will's dir sagen, Georgette; – ich finde, du bist ein bißchen zu zärtlich mit den jungen Herren.

GEORGETTE. Seht, was er für ein Kind ist. Sei doch vernünftig, Balthasar! Ich muß ja zärtlich sein, um ihnen Vertrauen einzuflößen.

ROLLIN. Was sie da sagt, ist geradezu tief.

BALTHASAR. Wenn ich einmal glauben müßte, daß du etwas empfindest, wenn dich ein anderer …

GEORGETTE. Was sagt ihr dazu! Die dumme Eifersucht wird ihn noch ins Grab bringen.

BALTHASAR. Ich hab' heut einen Seufzer gehört, Georgette, und das war in einem Augenblick, wo sein Vertrauen bereits groß genug war!

GEORGETTE. Man kann nicht so plötzlich aufhören, die Verliebte zu spielen.

BALTHASAR. Nimm dich in acht, Georgette, die Seine ist tief. *Wild.* Wenn du mich betrügst. –

GEORGETTE. Nie, nie!

ALBIN. Das versteh' ich absolut nicht.

SÉVERINE. Rollin, das ist die richtige Auffassung!

ROLLIN. Sie finden?

MARQUIS *zu Séverine.* Wir können noch immer gehen, Séverine.

SÉVERINE. Warum? Ich fang' an, mich sehr wohl zu fühlen.

GEORGETTE. Mein Balthasar, ich bete dich an. *Umarmung.*

FRANÇOIS. Bravo! bravo!

BALTHASAR. Was ist das für ein Kretin?

KOMMISSÄR. Das ist unbedingt zu stark – das ist –

542

Maurice und Etienne treten auf; sie sind wie junge Adelige gekleidet, doch merkt man, daß sie nur in verschlissenen Theaterkostümen stecken.

VOM TISCH DER SCHAUSPIELER. Wer sind die?

SCAEVOLA. Der Teufel soll mich holen, wenn das nicht Maurice und Etienne sind.

GEORGETTE. Freilich sind sie's.

BALTHASAR. Georgette!

SÉVERINE. Gott, sind das bildhübsche junge Leute!

ROLLIN. Es ist peinlich, Séverine, daß Sie jedes hübsche Gesicht so heftig anregt.

SÉVERINE. Wozu bin ich denn hergekommen?

ROLLIN. So sagen Sie mir wenigstens, daß Sie mich lieben.

SÉVERINE *mit einem Blick.* Sie haben ein kurzes Gedächtnis.

ETIENNE. Nun, was glaubt ihr, woher wir kommen?

FRANÇOIS. Hören Sie zu, Marquis, das sind ein paar witzige Jungen.

MAURICE. Von einer Hochzeit.

ETIENNE. Da muß man sich ein wenig putzen. Sonst sind gleich diese verdammten Geheimpolizisten hinter einem her.

SCAEVOLA. Habt ihr wenigstens einen ordentlichen Fang gemacht?

WIRT. Laßt sehen.

MAURICE *aus seinem Wams Uhren herausnehmend.* Was gibst du mir dafür?

WIRT. Für die da? Einen Louis!

MAURICE. Freilich!

SCAEVOLA. Sie ist nicht mehr wert!

MICHETTE. Das ist ja eine Damenuhr. Gib sie mir, Maurice.

MAURICE. Was gibst du mir dafür?

MICHETTE. Sieh mich an! ... Genügt das? –

FLIPOTTE. Nein, mir; – sieh mich an –

MAURICE. Meine lieben Kinder, *das* kann ich haben, ohne meinen Kopf zu riskieren.

MICHETTE. Du bist ein eingebildeter Affe.

SÉVERINE. Ich schwöre, daß das keine Komödie ist.

ROLLIN. Freilich nicht, überall blitzt etwas wirkliches durch. Das ist ja das Entzückende.

SCAEVOLA. Was war denn das für eine Hochzeit?

MAURICE. Die Hochzeit des Fräuleins La Tremouille – sie hat den Grafen von Banville geheiratet.

543

ALBIN. Hörst du, François? – Ich versichere dich, das sind wirkliche Spitzbuben.

FRANÇOIS. Beruhige dich, Albin. Ich kenne die zwei. Ich hab' sie schon ein Dutzendmal spielen sehen. Ihre Spezialität ist die Darstellung von Taschendieben.

Maurice zieht einige Geldbörsen aus seinem Wams.

SCAEVOLA. Na, ihr könnt heut splendid sein.

ETIENNE. Es war eine sehr prächtige Hochzeit. Der ganze Adel von Frankreich war da. Sogar der König hat sich vertreten lassen.

ALBIN *erregt.* Alles das ist wahr!

MAURICE *läßt Geld über den Tisch rollen.* Das ist für euch, meine Freunde, damit ihr seht, daß wir zusammen halten.

FRANÇOIS. Requisiten, lieber Albin. *Er steht auf und nimmt ein paar Münzen.* Für uns fällt doch auch was ab.

WIRT. Nimm nur … so ehrlich hast du in deinem Leben nichts verdient!

MAURICE *hält ein Strumpfband, mit Diamanten besetzt, in der Luft.* Und wem soll ich das schenken?

Georgette, Michette, Flipotte haschen danach.

MAURICE. Geduld, ihr süßen Mäuse, darüber sprechen wir noch. Das geb' ich der, die eine neue Zärtlichkeit erfindet.

SÉVERINE *zu Rollin.* Möchten Sie mir nicht erlauben, da mitzukonkurrieren?

ROLLIN. Sie machen mich wahnsinnig, Séverine.

MARQUIS. Séverine, wollen wir nicht gehen? Ich denke …

SÉVERINE. O nein. Ich befinde mich vortrefflich. *Zu Rollin.* Ah, ich komm' in eine Stimmung –

MICHETTE. Wie bist du nur zu dem Strumpfband gekommen?

MAURICE. Es war ein solches Gedränge in der Kirche ... und wenn eine denkt, man macht ihr den Hof ...

Alle lachen. Grain hat dem François seinen Geldbeutel gezogen.

FRANÇOIS *mit dem Gelde zu Albin.* Lauter Spielmarken. Bist du jetzt beruhigt?

Grain will sich entfernen.

WIRT *ihm nach; leise.* Geben Sie mir sofort die Börse, die Sie diesem Herrn gezogen haben.

GRAIN. Ich –

WIRT. Auf der Stelle ... oder es geht Ihnen schlecht.

GRAIN. Sie brauchen nicht grob zu werden. *Gibt sie ihm.*

WIRT. Und hier geblieben. Ich hab' jetzt keine Zeit, Sie zu untersuchen. Wer weiß, was Sie noch eingesteckt haben. Gehen Sie wieder auf ihren Platz zurück.

FLIPOTTE. Das Strumpfband werd' ich gewinnen.

WIRT *zu François; wirft ihm den Beutel zu.* Da hast du deinen Geldbeutel. Du hast ihn aus der Tasche verloren.

FRANÇOIS. Ich danke Ihnen, Prospère. *Zu Albin.* Siehst du, wir sind in Wirklichkeit unter den anständigsten Leuten von der Welt.

Henri ist bereits längere Zeit dagewesen, hinten gesessen, steht plötzlich auf.

ROLLIN. Henri, da ist Henri. –

SÉVERINE. Ist das der, von dem Sie mir so viel erzählt haben?

MARQUIS. Freilich. Der, um dessentwillen man eigentlich hierherkommt.

Henri tritt vor, ganz komödiantenhaft; schweigt.

DIE SCHAUSPIELER. Henri, was hast du?

ROLLIN. Beachten Sie den Blick. Eine Welt von Leidenschaft. Er spielt nämlich den Verbrecher aus Leidenschaft.

SÉVERINE. Das schätze ich sehr!

ALBIN. Warum spricht er denn nicht?

ROLLIN. Er ist wie entrückt. Merken Sie nur. Geben Sie acht … er hat irgend eine fürchterliche Tat begangen.

FRANÇOIS. Er ist etwas theatralisch. Es ist, wie wenn er sich zu einem Monolog vorbereiten würde.

WIRT. Henri, Henri, woher kommst du?

HENRI. Ich hab' einen umgebracht.

ROLLIN. Was hab' ich gesagt?

SCAEVOLA. Wen?

HENRI. Den Liebhaber meiner Frau.

Der Wirt sieht ihn an, hat in diesem Augenblick offenbar die Empfindung, es könnte wahr sein.

HENRI *schaut auf.* Nun, ja, ich hab' es getan, was schaut ihr mich so an? Es ist nun einmal so. Ist es denn gar so verwunderlich? Ihr wißt doch alle, was meine Frau für ein Geschöpf ist; es hat so enden müssen.

WIRT. Und sie – wo ist sie?

FRANÇOIS. Sehen Sie, der Wirt geht drauf ein. Merken Sie, das macht die Sache so natürlich.

Lärm draußen, nicht zu stark.

JULES. Was ist das für ein Lärm da draußen?

LANSAC. Hören Sie, Séverine?

ROLLIN. Es klingt, wie wenn Truppen vorüberzögen.

FRANÇOIS. Oh nein, das ist unser liebes Volk von Paris, hören Sie nur, wie sie gröhlen. *Unruhe im Keller; draußen wird es still.* Weiter, Henri, weiter.

545

WIRT. So erzähl' uns doch, Henri! – Wo ist deine Frau? Wo hast du sie gelassen?

HENRI. Ah, es ist mir nicht bang um sie. Sie wird nicht daran sterben. Ob der, ob der, was liegt den Weibern dran? Noch tausend andere schöne Männer laufen in Paris herum – ob der oder der –

BALTHASAR. Möge es allen so gehn, die uns unsere Weiber nehmen.

SCAEVOLA. Allen, die uns nehmen, was uns gehört.

KOMMISSÄR *zum Wirt.* Das sind aufreizende Reden.

ALBIN. Es ist erschreckend … die Leute meinen es ernst.

SCAEVOLA. Nieder mit den Wucherern von Frankreich! Wollen wir wetten, daß der Kerl, den er bei seiner Frau erwischt hat, wieder einer von den verfluchten Hunden war, die uns auch um unser Brot bestehlen.

ALBIN. Ich schlage vor, wir gehn.

SÉVERINE. Henri! Henri!

MARQUIS. Aber Marquise!

SÉVERINE. Bitte, lieber Marquis, fragen Sie den Mann, wie er seine Frau erwischt hat … oder ich frag' ihn selbst.

MARQUIS *zögernd.* Sagen Sie, Henri, wie ist es Ihnen denn gelungen, die zwei abzufassen?

HENRI *der lang in Sinnen versunken war.* Kennt Ihr denn mein Weib? – Es ist das schönste und niedrigste Geschöpf unter der Sonne. – Und ich habe sie geliebt. – Sieben Jahre kennen wir uns … aber erst seit gestern ist sie mein Weib. In diesen sieben Jahren war kein Tag, aber nicht ein Tag, an dem sie mich nicht belogen, denn alles an ihr lügt. Ihre Augen wie ihre Lippen, ihre Küsse und ihr Lächeln.

FRANÇOIS. Er deklamiert ein wenig.

HENRI. Jeder Junge und jeder Alte, jeder, der sie gereizt – und jeder, der sie bezahlt hat, ich denke, jeder, der sie wollte, hat sie gehabt – und ich hab' es gewußt!

SÉVERINE. Das kann nicht jeder von sich sagen.

HENRI. Und dabei hat sie mich geliebt, meine Freunde, kann das einer von euch verstehen? Immer wieder ist sie zu mir zurückgekommen – von überall her wieder zu mir – von den Schönen und den Häßlichen – den Klugen und den Dummen, den Lumpen und den Kavalieren – immer wieder zu mir. – 546

SÉVERINE *zu Rollin.* Wenn ihr nur ahntet, daß eben dieses Zurückkommen die Liebe ist.

HENRI. Was hab' ich gelitten … Qualen, Qualen!

ROLLIN. Es ist erschütternd!

HENRI. Und gestern hab' ich sie geheiratet. Wir haben einen Traum gehabt. Nein – ich hab' einen Traum gehabt. Ich wollte mit ihr fort von hier. In die Einsamkeit, aufs Land, in den großen Frieden. Wie andere glückliche Ehepaare wollten wir leben – auch von einem Kind haben wir geträumt.

ROLLIN *leise.* Séverine.

SÉVERINE. Nun ja, es ist schon gut.

ALBIN. François, dieser Mensch spricht die Wahrheit.

FRANÇOIS. Gewiß, diese Liebesgeschichte ist wahr, aber es handelt sich um die Mordgeschichte.

HENRI. Ich hab' mich um einen Tag verspätet …, sie hatte noch einen vergessen, sonst – glaub' ich – hat ihr keiner mehr gefehlt … aber ich hab' sie zusammen erwischt … und er ist hin.

DIE SCHAUSPIELER. Wer? … Wer? Wie ist es geschehen? … Wo liegt er? – Wirst du verfolgt? … Wie ist es geschehen? … Wo ist sie?

HENRI *immer erregter.* Ich hab' sie begleitet … ins Theater … zum letzten Male sollt' es heute sein … ich hab' sie geküßt … an der Tür – und sie ist hinauf in ihre Garderobe und ich bin fortgegangen wie einer, der nichts zu fürchten hat. – Aber schon nach hundert Schritten hat's begonnen … in mir … versteht ihr mich … eine ungeheure Unruhe … und es war, als zwänge mich irgendwas, umzukehren … und ich bin umgekehrt und hinge-

gangen. Aber da hab' ich mich geschämt und bin wieder fort ...
und wieder war ich hundert Schritt weit vom Theater ... da hat
es mich gepackt ... und wieder bin ich zurück. Ihre Szene war
zu Ende ... sie hat ja nicht viel zu tun, steht nur eine Weile auf
der Bühne, halbnackt – und dann ist sie fertig ... ich stehe vor
ihrer Garderobe, ich lehne mein Ohr an die Tür und höre flüstern. Ich kann kein Wort unterscheiden ... das Flüstern ver-
stummt ... ich stoße die Tür auf ... *Er brüllt wie ein wildes
Tier.* – es war der Herzog von Cadignan und ich hab' ihn ermordet. –

WIRT *der endlich für wahr hält.* Wahnsinniger!

Henri schaut auf, sieht den Wirt starr an.

SÉVERINE. Bravo! bravo!

ROLLIN. Was tun Sie, Marquise? Im Augenblick, wo Sie Bravo!
rufen, machen Sie das alles wieder zum Theater – und das ange-
nehme Gruseln ist vorbei.

MARQUIS. Ich finde das Gruseln nicht so angenehm. Applaudieren
wir, meine Freunde, nur so können wir uns von diesem Banne
befreien.

WIRT *zu Henri, während des Lärms.* Rette dich, flieh, Henri!

HENRI. Was? Was?

WIRT. Laß es jetzt genug sein und mach', daß du fortkommst!

FRANÇOIS. Ruhe! ... Hören wir, was der Wirt sagt!

WIRT *nach kurzer Überlegung.* Ich sag' ihm, daß er fort soll, bevor
die Wachen an den Toren der Stadt verständigt sind. Der
schöne Herzog war ein Liebling des Königs – sie rädern dich!
Hättest du doch lieber die Kanaille, dein Weib, erstochen!

FRANÇOIS. Was für ein Zusammenspiel ... Herrlich!

HENRI. Prospère, wer von uns ist wahnsinnig, du oder ich? – *Er
steht da und versucht in den Augen des Wirts zu lesen.*

ROLLIN. Es ist wunderbar, wir alle wissen, daß er spielt, und doch,
wenn der Herzog von Cadignan jetzt hereinträte, er würde uns

erscheinen wie ein Gespenst. *Lärm draußen – immer stärker. Es kommen Leute herein, man hört schreien. Ganz an ihrer Spitze Grasset, andere, unter ihnen Lebrêt, drängen über die Stiege nach. Man hört Rufe: Freiheit, Freiheit!*

GRASSET. Hier sind wir, Kinder, da herein!

ALBIN. Was ist das? Gehört das dazu?

FRANÇOIS. Nein.

MARQUIS. Was soll das bedeuten?

SÉVERINE. Was sind das für Leute?

GRASSET. Hier herein! Ich sag' es euch, mein Freund Prospère hat immer noch ein Faß Wein übrig,

Lärm von der Straße.

und wir haben's verdient!

Freund! Bruder! Wir haben sie, wir haben sie!

RUFE DRAUSSEN. Freiheit! Freiheit!

SÉVERINE. Was gibt's?

MARQUIS. Entfernen wir uns, entfernen wir uns, der Pöbel rückt an.

ROLLIN. Wie wollen Sie sich entfernen?

GRASSET. Sie ist gefallen, die Bastille ist gefallen!

WIRT. Was sagst du? – Spricht er die Wahrheit?

GRASSET. Hörst du nicht?

Albin will den Degen ziehen.

FRANÇOIS. Laß das jetzt, sonst sind wir alle verloren.

GRASSET *torkelt über die Stiege herein.* Und wenn ihr euch beeilt, könnt ihr noch draußen was Lustiges sehen … auf einer sehr hohen Stange den Kopf unseres teuren Delaunay.

MARQUIS. Ist der Kerl verrückt?

RUFE. Freiheit! Freiheit!

GRASSET. Einem Dutzend haben wir die Köpfe abgeschlagen, die Bastille gehört uns, die Gefangenen sind frei! Paris gehört dem Volke!

WIRT. Hört ihr! Hört ihr! Paris gehört uns!

GRASSET. Seht, wie er jetzt Mut kriegt. Ja, schrei nur, Prospère, jetzt kann dir nichts mehr geschehn.

WIRT *zu den Adligen.* Was sagt ihr dazu? Ihr Gesindel! Der Spaß ist zu Ende.

ALBIN. Hab' ich's nicht gesagt?

WIRT. Das Volk von Paris hat gesiegt.

KOMMISSÄR. Ruhe! – *Man lacht.* Ruhe! … Ich untersage die Fortsetzung der Vorstellung!

GRASSET. Wer ist der Tropf?

KOMMISSÄR. Prospère, ich mache Sie verantwortlich für alle die aufreizenden Reden –

GRASSET. Ist der Kerl verrückt?

WIRT. Der Spaß ist zu Ende, begreift Ihr nicht? Henri, so sag's ihnen doch, jetzt darfst du's ihnen sagen! Wir schützen dich … das Volk von Paris schützt dich.

GRASSET. Ja, das Volk von Paris.

Henri steht stieren Blicks da.

WIRT. Henri hat den Herzog von Cadignan wirklich ermordet.

ALBIN, FRANÇOIS, MARQUIS. Was sagt er da?

ALBIN *und andere.* Was bedeutet das alles, Henri?

FRANÇOIS. Henri, sprechen Sie doch!

WIRT. Er hat ihn bei seiner Frau gefunden – und er hat ihn umgebracht.

HENRI. Es ist nicht wahr!

WIRT. Jetzt brauchst du dich nicht mehr zu fürchten, jetzt kannst du's in die Welt hinausschrein. Ich hätte dir schon vor einer Stunde sagen können, daß sie die Geliebte des Herzogs ist. Bei

Gott, ich bin nahe daran gewesen, dir's zu sagen … Sie schreiender Bimsstein, nicht wahr, wir haben's gewußt?

HENRI. Wer hat sie gesehn? Wo hat man sie gesehn?

WIRT. Was kümmert dich das jetzt! Er ist ja verrückt … du hast
ihn umgebracht, mehr kannst du doch nicht tun.

FRANÇOIS. Um Himmels willen, so ist es wirklich wahr oder
nicht?

WIRT. Ja, es ist wahr!

GRASSET. Henri – du sollst von nun an mein Freund sein. Es lebe
die Freiheit! Es lebe die Freiheit!

FRANÇOIS. Henri, reden Sie doch!

HENRI. Sie war seine Geliebte? Sie war die Geliebte des Herzogs?
Ich hab' es nicht gewußt … er lebt … er lebt. –

Ungeheure Bewegung.

SÉVERINE *zu den anderen.* Nun, wo ist jetzt die Wahrheit?

ALBIN. Um Gotteswillen!

Der Herzog drängt sich durch die Masse auf der Stiege.

SÉVERINE *die ihn zuerst sieht.* Der Herzog!

EINIGE. Der Herzog!

HERZOG. Nun ja, was gibt's denn?

WIRT. Ist es ein Gespenst?

HERZOG. Nicht daß ich wüßte! Laßt mich da herüber!

ROLLIN. Was wetten wir, daß alles arrangiert ist? Die Kerls da
gehören zur Truppe von Prospère. Bravo, Prospère, das ist dir
gelungen!

HERZOG. Was gibt's? Spielt man hier noch, während draußen …
Weiß man denn nicht, was da draußen für Dinge vorgehen? Ich
habe den Kopf Delaunays auf einer Stange vorbeitragen sehen.
Ja, was schaut ihr mich denn so an – *Tritt herunter.* Henri –

FRANÇOIS. Hüten Sie sich vor Henri.

Henri stürzt wie ein Wütender auf den Herzog und stößt ihm den Dolch in den Hals.

KOMMISSÄR *steht auf.* Das geht zu weit! –

ALBIN. Er blutet!

ROLLIN. Hier ist ein Mord geschehen!

SÉVERINE. Der Herzog stirbt!

MARQUIS. Ich bin fassungslos, liebe Séverine, daß ich Sie gerade heute in dieses Lokal bringen mußte!

SÉVERINE. Warum? *Mühsam.* Es trifft sich wunderbar. Man sieht nicht alle Tage einen wirklichen Herzog wirklich ermorden.

ROLLIN. Ich fasse es noch nicht.

KOMMISSÄR. Ruhe! – Keiner verlasse das Lokal! –

GRASSET. Was will der??

KOMMISSÄR. Ich verhafte diesen Mann im Namen des Gesetzes.

GRASSET *lacht.* Die Gesetze machen wir, ihr Dummköpfe! Hinaus mit dem Gesindel! Wer einen Herzog umbringt, ist ein Freund des Volkes. Es lebe die Freiheit!

ALBIN *zieht den Degen.* Platz gemacht! Folgen Sie mir, meine Freunde!

Léocadie stürzt herein, über die Stufen.

RUFE. Léocadie!

ANDERE. Seine Frau!

LÉOCADIE. Laßt mich hier herein! Ich will zu meinem Mann! *Sie kommt nach vorne, sieht, schreit auf.* Wer hat das getan? Henri!

Henri schaut sie an.

LÉOCADIE. Warum hast du das getan?

HENRI. Warum?

LÉOCADIE. Ja, ja, ich weiß warum. Meinetwegen. Nein, nein, sag' nicht meinetwegen. Soviel bin ich mein Lebtag nicht gewesen.

49

GRASSET *beginnt eine Rede.* Bürger von Paris, wir wollen unsern Sieg feiern. Der Zufall hat uns auf dem Weg durch die Straßen von Paris zu diesem angenehmen Wirt geführt. Es hat sich nicht schöner treffen können. Nirgends kann der Ruf: »Es lebe die Freiheit!« schöner klingen, als an der Leiche eines Herzogs.

RUFE. Es lebe die Freiheit! Es lebe die Freiheit!

FRANÇOIS. Ich denke, wir gehen – das Volk ist wahnsinnig geworden. Gehn wir.

ALBIN. Sollen wir ihnen die Leiche hier lassen?

SÉVERINE. Es lebe die Freiheit! Es lebe die Freiheit!

MARQUIS. Sind Sie verrückt?

DIE BÜRGER, DIE SCHAUSPIELER. Es lebe die Freiheit! Es lebe die Freiheit!

SÉVERINE *an der Spitze der Adligen, dem Ausgange zu.* Rollin, warten Sie heut Nacht vor meinem Fenster. Ich werfe den Schlüssel hinunter wie neulich – wir wollen eine schöne Stunde haben – ich fühle mich angenehm erregt.

Rufe: Es lebe die Freiheit! Es lebe Henri! Es lebe Henri! 551

LEBRÊT. Schaut die Kerle an – sie laufen uns davon.

GRASSET. Laßt sie für heute – laßt sie. – Sie werden uns nicht entgehen.

Vorhang. 552

Biographie

1862	*15. Mai:* Arthur Schnitzler wird als ältestes Kind des jüdischen Kehlkopfspezialisten Johann Schnitzler und dessen Frau in Wien geboren.
1879–1884	Arthur studiert Medizin an der Universität Wien.
1882/83	Als Einjährig-Freiwilliger absolviert er seinen Militärdienst am Garnisonsspital in Wien.
1885	Schnitzler erhält sein Medizindiplom und schließt Bekanntschaft mit Sigmund Freud, mit dem er das Interesse für das Un- und Unterbewußte teilt.
1886–1893	Er ist als Assistenzarzt an verschiedenen Wiener Krankenhäusern tätig.
1888	Die Sammlung von Einaktern »Anatol« wird veröffentlicht.
ab 1890	Gemeinsam mit Hugo von Hofmannsthal gehört Schnitzler dem Kreis der »Wiener Moderne« an. Er ist einer der bedeutendsten Kritiker der österreichisch-ungarischen Monarchie und ihrer Entwicklung um die Jahrhundertwende.
1893	Er gibt seine Stelle im Krankenhaus auf und eröffnet eine Privatpraxis. Seine Neigung zur Schriftstellerei nimmt bedeutend zu.
1897	Er veröffentlicht den »Reigen«, ein Zyklus von zehn dramatischen Dialogen. Zur Uraufführung kommt es erst 24 Jahre später, da die Zensur die Aufführung verbietet.
1899–1930	Seine zahlreichen Dramen behandeln meist sozialkritische oder psychologische Themen.
1900	Mit der Novelle »Leutnant Gustl« führt Schnitzler den inneren Monolog als neue Ausdrucksform in die deutsche Literatur ein.

1901	Schnitzler wird der Rang eines Reserveoffiziers aberkannt, wegen der Angriffe auf den Ehrenkodex des österreichischen Militärs in »Leutnant Gustl«.
1903	Er heiratet Olga Gussmann.
1908	Der Roman »Der Weg ins Freie« erscheint, in welchem die Probleme des assimilierten Judentums thematisiert werden.
1914–1918	Zu Beginn des Ersten Weltkrieges ist Schnitzler einer der wenigen österreichisch-ungarischen Intellektuellen, die die allgemeine Kriegsbegeisterung nicht teilen. Als Folge verringert sich die Popularität seiner Stücke.
1921	Anläßlich der Aufführung des »Reigen« in Berlin kommt es zum Prozeß wegen »Erregung öffentlichen Ärgernisses«. Daraufhin wird Schnitzler die Aufführungsgenehmigung entzogen. Seine Ehe scheitert.
1921–1931	Die Auswirkungen der Scheidung sind bemerkbar: psychische und physische Probleme isolieren ihn zunehmend. Neben einem zweiten Roman, »Therese. Chronik eines Frauenlebens«, schreibt er in seinen letzten Lebensjahren vor allem Erzählungen, in denen er Einzelschicksale um die Jahrhundertwende aus psychologischer Sicht darstellt.
1923	Er wird zum ersten Präsidenten des österreichischen PEN-Clubs ernannt.
1926	Schnitzler erhält den Burgtheaterring und gehört zu den meistgespielten Dramatikern auf deutschen Bühnen.
1931	*21. Oktober:* Arthur Schnitzler stirbt in Wien an einer Gehirnblutung.

Ingram Content Group UK Ltd.
Milton Keynes UK
UKHW020212110523
421555UK00005B/43